Mario Gomboli

LAVARSE
ES DIVERTIDO

Cosas que debes saber
para mejorar tu higiene personal

2.ª edición

B Bruño

Director de Ediciones y Producción:
José Ramírez
Jefe de Publicaciones Infantiles y Juveniles:
Trini Marull
Jefe de Producción:
José Valdepeñas

Coordinadora de Ediciones:
Cristina González
Coordinador de Producción:
Alberto García

Traducción:
Pilar Molina Llorente
Adaptación:
Fernando Lalana

Premio Andersen 1998
concedido en Italia
a la mejor colección divulgativa

© R. C. S. Libri S.p.A.
Milán, Italia, 1997.
© Editorial Bruño, 1998.
Maestro Alonso, 21.
28028 Madrid.

ALR63000060
ISBN: 84-216-3459-3
D. legal: BI 2.000–2000
Impresión: Grafo, S. A.
Printed in Spain

¿POR QUÉ ES NECESARIO LAVARSE?

¡Hola, marranotes!
Aunque Lobo Rojo se haya ensuciado de pies a cabeza,
no tiene intención de lavarse.
«Total, si me voy a ensuciar de nuevo…», piensa.

¡Pues vaya un razonamiento!
Según eso, Lobo Rojo tampoco debería comer, porque,
total, como mañana volverá a tener hambre…

Digan lo que digan los cisnes (que siempre están tan
requetelimpios), es facilísimo ensuciarse. Casi todas
las cosas manchan. ¡El mundo entero mancha!
Por ejemplo, cualquiera sabe que los rotuladores
de colores escriben mucho mejor sobre los dedos
que sobre el papel…
Y que la sopa y los helados sienten una especial
atracción por dejar churretes en nuestra ropa.
Así que basta con ser un poquito distraídos
para encontrarnos… ¡asquerosamente sucios!

Y cuando estamos sucios tenemos que lavarnos,
nos guste o no. Porque la suciedad es como
el desorden: Un poquito… ¡bueno!, puede ser
incluso divertido. Pero en gran cantidad… ¡es horrible!
Y si la suciedad se acumula…, cuesta muchísimo trabajo
quitarla. Además, el desorden sólo es incómodo,
pero la suciedad… ¡puede ser también peligrosa!

Por eso, hay que lavarse…

… porque la suciedad está
llena de microbios, diminutos
monstruitos que causan
muchísimas enfermedades.
¡Hay que luchar contra ellos!

… porque la suciedad
suele apestar.
Cuando estamos sucios,
también nosotros olemos fatal.
¡Y nadie quiere ser amigo
de una peste maloliente!

… porque no sirve de nada
ponerse ropa limpia si
tenemos el cuerpo sucio.
La ropa se ensuciará también
por dentro y olerá mal enseguida,
así que… ¡doble trabajo a la hora
de lavarla!

MANOS LIMPIAS

Lobo Rojo manosea todo lo que encuentra
a su alcance, sin importarle si está limpio o sucio.
¡Y jamás se lava las manos! (¡Aaaahg…!)

Si luego alguien va a saludarle
con un apretón de manos…
¡qué vergüenza, madre mía!

Nuestras manos (que tienen cinco dedos, y no cuatro
como las de Lobo Rojo) son herramientas casi perfectas:
Podemos tocar, agarrar, acariciar, pellizcar…
Con ellas sabemos si algo está caliente o frío,
si es liso o áspero, si está seco o mojado…

Pero, al utilizarlas,
las manos se ensucian.

Y como también
las usamos
para rascarnos,
restregarnos
los ojos o comer
ciertas cosas
(y hasta nos chupamos
los dedos, si están muy ricas),
podemos conducir
la suciedad
al interior
de nuestro cuerpo.
(¡Peligro!)

Fíjate en la mano de Lobo Rojo.
¿Imaginas qué va a ocurrir? ¡Exacto!
Dentro de un minuto, la nariz, la cara, las orejas, el pelo
y la ropa de Lobo Rojo estarán pringados de mermelada,
chocolate y todo lo demás.

CHOCOLATE

¡Qué asco!
¿No crees?

HELADO
DE
KIWI

Para evitarlo,
hay un método
rápido y sencillo:
¡Lavarse las manos con frecuencia!

Por eso, piensa que...

... la suciedad se mete fácilmente bajo las uñas. Córtatelas a menudo para que la porquería no tenga mucho sitio donde colocarse. Y límpiatelas siempre bien.

... ¡cuánto nos gusta acariciar a un cachorrito peludo y suave! Pero ¡ojo! Los animales suelen estar llenos de suciedad. ¡Lávate siempre las manos después de tocarlos!

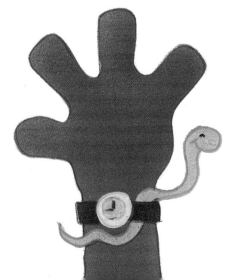

... lavarse las manos no quiere decir «lavarse la punta de los dedos». Hay que lavarse las manos enteras (¿te enteras?), incluidas las muñecas. Para ello, quítate el reloj o las pulseras. (¡Pero no los olvides sobre el lavabo!)

EL BOSQUE DEL PELO

Lobo Rojo tiene el cuerpo cubierto
por una hermosa piel de lobo.
Las personas (salvo los hombres-lobo) sólo tenemos
una parte del cuerpo realmente peluda: La cabeza.
Nuestro cabello merece cuidados especiales…

¡… y también
la piel
que hay debajo,
naturalmente!

Cuando el viento alborota nuestro pelo, deposita
en él pequeñas motas de polvo y de suciedad.
También nos ensuciamos el cabello, por ejemplo,
si nos rascamos la cabeza.
Y de otras muchas maneras…

La piel que hay bajo el pelo suda (igual que el resto
del cuerpo) y, al sudar, se ensucia.
También se desprenden de la piel pequeñas células secas
(¡la odiosa caspa!) que terminan entre los cabellos.
Así que, si nos mirásemos la cabeza con una gran lupa,
veríamos algo parecido a un prado lleno de papelotes.
¡Es necesario hacer de vez en cuando
una buena limpieza!

Por eso, recuerda que...

... existen unos insectos llamados «piojos» a los que les encanta vivir entre el pelo sucio. Si los dejamos retozar a sus anchas, podemos encontrarnos con un asqueroso zoológico en nuestra cabeza.

... si nos descuidamos, los cabellos se enredan y luego... ¡cómo duele al peinarnos! Y si no nos peinamos, ¡peor! Cada vez se enredan más. Un pelo limpio es más fácil de peinar.

... los cabellos y la piel de la cabeza pueden enfermar. El resultado puede ser un picor insoportable o, incluso..., que el pelo se nos caiga hasta quedarnos tan pelados como una bola de billar. ¿Te imaginas a Lobo Rojo totalmente calvo?

UNA SONRISA, POR FAVOR

No hay nada más agradable
que una sonrisa bella y luminosa.
Lobo Rojo lo sabe bien.
Sin embargo…, a veces tiene que sonreír
con la boca cerrada. ¿Por qué?
¡Porque tiene los dientes sucios!

¡Qué vergüenza!, ¿verdad?

Lobo Rojo sabe que debe cepillarse los dientes,
y no sólo para estar más guapo:
También es para mantener su dentadura sana.
Seguro que nunca te comerías un trozo de basura
o de comida podrida. Bueno, pues si no te cepillas
los dientes cada día, eso es justo lo que ocurre:
Los restos de comida, primero, ensucian tus dientes;
y, al poco tiempo… ¡se pudren! (Todo un asco, ¿eh?)

Esos restos podridos producen mal sabor de boca
y hacen que nuestro aliento huela fatal.
Lobo Rojo cree que tiene la solución para el mal aliento:
Comerse un caramelo.
¡Terrible error!
El azúcar es enemigo de los dientes.
Después de comer dulces conviene que te limpies
la boca, o tus dientes se pueden dañar gravemente.

Por eso, si quieres mejorar tu sonrisa...

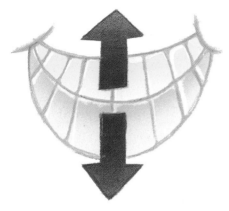

... para limpiarte la boca
usa siempre tu propio cepillo
y muévelo de arriba abajo
(no de un lado a otro)
para cepillar bien las rendijas
entre los dientes.

... después de cepillarte
los dientes procura no volver
a ensuciarlos comiendo
inmediatamente.
Si lo haces, tendrás
que cepillarlos otra vez.

... si descubres en tus dientes
alguna manchita que no se
limpia con nada, pide a tus
papis que te lleven al dentista.
Una revisión a tiempo puede
salvarte de males mayores.
¡Y no duele! ¡Que no!
¡De verdad!

EL MISTERIOSO BIDÉ

En el cuarto de baño de Lobo Rojo
hay un objeto misterioso: Una pequeña bañera
a la que llaman «bidé».
«¿Para qué servirá?», se pregunta Lobo Rojo.

Vamos a explicárselo.

A todos nos da bastante asco
tocar la caca y el pis. ¿A que sí?

Pero… precisamente hay que
limpiarse muy bien las partes del cuerpo
por las que hacemos caca y pis.

Puede que sea suficiente con usar el papel higiénico.
Pero muchas veces no basta con eso…
¡y tenemos que lavarnos muy bien esas zonas!

Hace ya muchos años, un fontanero francés tuvo una idea genial: Inventó una bañera pequeñita en la que uno se puede sentar y lavarse cómodamente entre las piernas sin tener que ducharse o bañarse entero.

El bidé no es difícil de usar. Si tienes dudas, pregúntale a papá o a mamá cómo se hace.

¡Importante!
Como se usan para algo especial, el jabón, la esponja o las toallas del bidé se usan sólo en el bidé. Serán distintos de los que usamos para las manos o la cara.

¡Ni siquiera Lobo Rojo confunde su hocico con su cola!

Por eso...

... si después de haberte
lavado bien en el bidé
aún sientes molestias o picor,
prueba a cambiar de jabón.
Aunque los jabones suelen ser
muy suaves, puede que tengas
alergia a alguno de ellos.

... si los picores continúan,
díselo a papá o a mamá.
Podría haber un problema
que el médico tenga que
curar.

... antes y después de usar
el bidé acuérdate de lavarte
las manos..., ¡pero en el
lavabo, naturalmente!

LAVARSE LA CARA

Lobo Rojo se ha mirado al espejo y…
¡menudo susto se ha llevado!
«¡Pero si tengo el hocico sucísimo!», piensa.

En esta ocasión sólo ha sido una broma
de Ratón Gris (je, je). Pero otras veces…

Y es que, al levantarse, Lobo Rojo
sólo se moja la punta del hocico a la vez que,
para disimular, sopla y resopla como una ballena.

Y el resto de la cara, ¿eh?
¡Que los ojos, el cuello
y las orejas también
hay que lavárselos,
Lobo Rojo!

Al despertarnos, casi siempre tenemos
los ojos «pegados» por las lágrimas que
se nos han secado durante el sueño.
¡Hay que lavarse los ojos!

¿Has visto la forma tan curiosa
que tienen nuestras orejas?
Parecen hechas aposta
para servir de escondite a la
porquería. ¡Hay que lavarse
bien las orejas!
¡Sí, sí: Por detrás también!

Por el cuello pasa el sudor
que baja de la cabeza.
Es como una autopista
de la suciedad.
¿Que no te lo crees?
Pues mira el cuello
de tu camisa por dentro.
¡Hay que lavarse
bien el cuello!

¿Quieres saber
si te has lavado bien?
¡Haz la prueba del algodón!
Frótatelo por el cuello. Si sigue blanco,
¡fenomenal! Pero si se ensucia…
¡Ya sabes: A lavarse otra vez!

Por eso, no olvides que…

… la suciedad puede
meterse por los poros
(los agujeritos por los que
respira la piel) y hacer
que nos salgan… ¡granos!
(¡Horror de los horrores!)

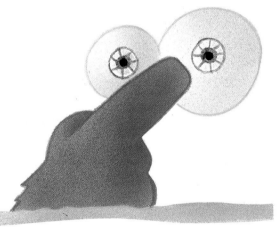

… el miedo a que el jabón
te pique en los ojos es sólo
una excusa tonta.
Pide a tus papis que te
compren jabón del que
no pica (hay muchos).

… lo mejor es usar sólo agua
y jabón. Cuantas menos
colonias y perfumes, mejor.
¡Y mucho cuidado con los
bastoncillos de algodón!
¡Puedes hacerte mucho
daño con ellos en la nariz
o en los oídos!

¿BAÑARSE O DUCHARSE?

De vez en cuando, Lobo Rojo decide
lavarse de verdad. ¡Enterito! ¡De arriba abajo!
Entonces tiene que elegir: ¿Baño o ducha?

Y, como no se decide,
al final termina
por no lavarse.
¡Qué calamidad!

¿Bañarse o ducharse?
¡Depende!

Si se tiene mucha prisa, es mejor la ducha.
Para bañarse hay que tener tiempo de sobra.
La ducha limpia más porque el agua escurre
y se lleva toda la suciedad por el desagüe.
Pero si todavía necesitas que papá o mamá te ayuden
a lavarte, es mejor que te bañes.

Eso sí, el baño tiene una gran ventaja:
Es más divertido. Se puede chapotear
y jugar con las pompas de jabón
(procurando no causar inundaciones
en casa, claro está).
Al final, lo único importante
es lavarse bien.

Por eso, al bañarte o ducharte...

... si tus pies están demasiado sucios (por ejemplo, si has estado corriendo descalzo por la arena), ¡enjuágalos un poco antes de entrar en la bañera!

... el agua de bañarnos debe estar limpia. Así que no metas juguetes sucios en la bañera, ¡y no te hagas pis en el agua! (como el cochino de Lobo Rojo).

... antes de salir de la bañera aclárate bien. Parte de la suciedad que tenías se ha quedado en la espuma, y si te la llevas pegada al cuerpo... ¡no hemos hecho nada!

UN CONSEJO
PARA TERMINAR

Seguro que, como Lobo Rojo, ya has comprendido
que lavarse es muy, muy importante.
Además, también puede resultar muy,
muy divertido.
Pero…, si aún no lo tienes claro,
piensa en lo que dice Lobo Rojo:

LAS COSAS LIMPIAS
SIEMPRE SON
MÁS HERMOSAS.
¡TAMBIÉN TÚ!

ÍNDICE